Gallimard Jeunesse / Giboulées
Sous la direction de Colline Faure-Poirée

Conception : Néjib Belhadj Kacem
Maquette : Audrey Jeannot
© Gallimard Jeunesse, 2005
ISBN : 978-2-07-05-0822- 6
Dépôt légal: janvier 2014
Premier dépôt légal: octobre 2005
Numéro d'édition :265047
Loi n° 49956 du 16 juillet 1949
sur les publications destinées à la jeunesse
Imprimé en Belgique par Proost

La famille

Textes : Catherine Dolto et Colline Faure-Poirée
Illustrations : Frédérick Mansot

GIBOULÉES
GALLIMARD JEUNESSE

Chaque enfant naît de l'amour d'un homme et d'une femme, son père et sa mère de naissance. Ce sont ses parents. Partout dans le monde il y a des petits mots tendres pour dire papa et maman.

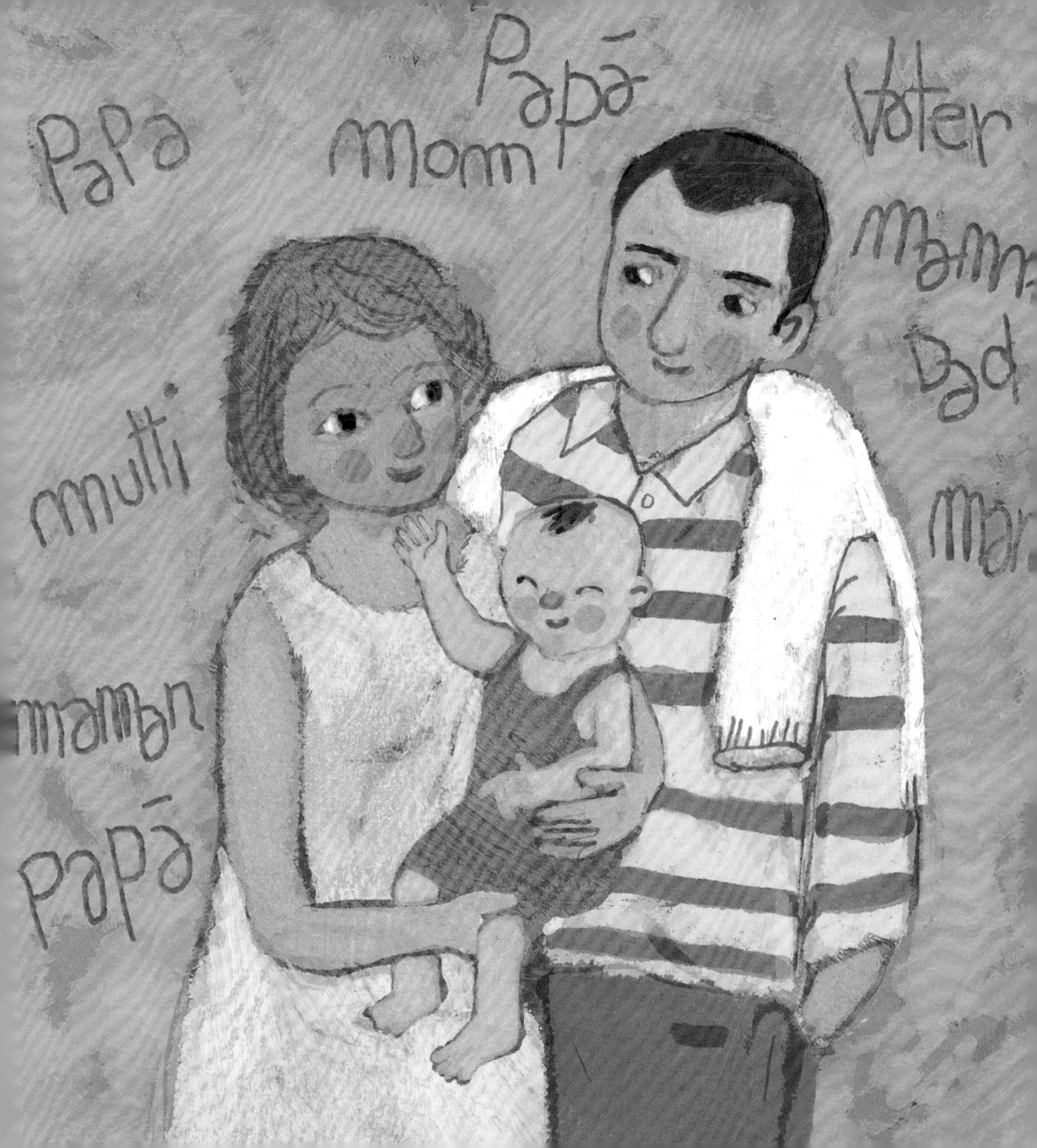

Papā
Papa
mutti
Dad
maman
Papā

Tous les enfants qui ont le même papa et la même maman sont frères et sœurs. Quand ils ont seulement le même papa ou la même maman, on dit que ce sont des demi-frères ou des demi-sœurs. Mais c'est plus joli de dire frère ou sœur même père ou même mère.

Chaque enfant a une famille même s'il ne la connaît pas. Une famille, c'est comme un arbre, avec ses racines, ses grosses branches et ses petits bourgeons.

arrière-arrière-grand-père   arrière-arrière-grand-mère   arrière-arrière-grand-père   arrière-arrière-grand-mère   arrière-arrière-grand-père   arrière-arrière-grand-mère   arrière-arrière-grand-père   arrière-arrière-grand-mère

arrière-grand-père   arrière-grand-mère   arrière-grand-père   arrière-grand-mère

grand-père paternel   grand-mère paternelle

papa

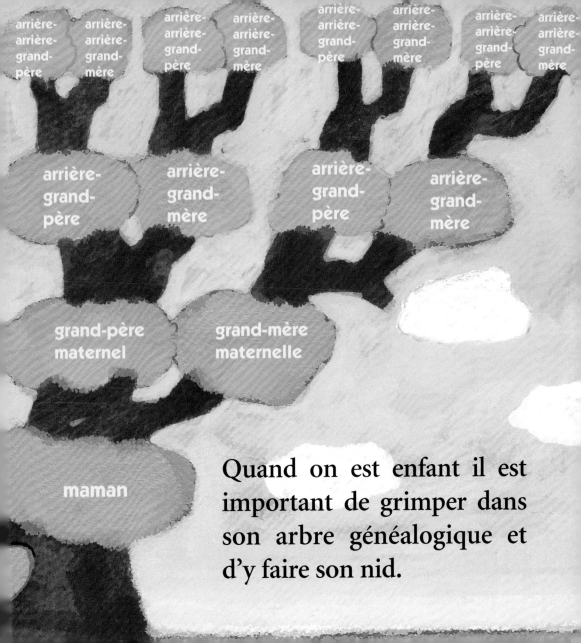

arrière-arrière-grand-père · arrière-arrière-grand-mère · arrière-arrière-grand-père · arrière-arrière-grand-mère · arrière-arrière-grand-père · arrière-arrière-grand-mère · arrière-arrière-grand-père · arrière-arrière-grand-mère

arrière-grand-père · arrière-grand-mère · arrière-grand-père · arrière-grand-mère

grand-père maternel · grand-mère maternelle

maman

Quand on est enfant il est important de grimper dans son arbre généalogique et d'y faire son nid.

Nos parents ont aussi des parents, ce sont nos grands-parents. Les parents de notre mère sont notre grand-père et notre grand-mère maternels. Les parents de notre père sont notre grand-père et notre grand-mère paternels. Les parents de nos grands-parents sont nos arrière grands-parents

Les frères et sœurs de nos parents sont nos oncles et tantes. Les enfants de nos oncles et tantes sont nos cousins germains.

Partout dans le monde il y a des règles dans les familles. La plus importante de toutes, c'est que l'on n'a pas le droit de se marier même si on en a bien envie avec son papa ou sa maman, ou entre frères et sœurs.

Quand on n'a plus ses parents de naissance, on peut avoir des parents adoptifs et une famille de cœur, dans laquelle il y a les mêmes règles que dans les autres familles.

Nos parents restent nos parents pour toujours, même s'ils se séparent, parce qu'on ne divorce pas de ses enfants. Si les parents se remarient, la nouvelle femme ou le nouveau mari devient notre belle-mère ou notre beau-père.

Clarisse, la sœur de mon papa, se marie avec Henri qui devient mon oncle par alliance et le beau-frère de mes deux parents.

Le frère de mon grand-père est mon grand-oncle, même s'il est petit de taille. On ajoute « grand » pour montrer qu'il est dans l'arbre généalogique à la même hauteur que les grands-parents.

Mine de rien, quand on connaît bien les racines de sa famille, on y retrouve mieux sa place et on s'y sent bien.